"最美奋斗者"品德教育系列

天才数学家
陈景润

伍美珍工作室 / 编著　小幸福工作室 / 绘

海豚出版社
DOLPHIN BOOKS
CICG 中国国际传播集团

幸福源自奋斗

一个人的一生应当怎样度过？

也许这个问题对小朋友们来说还有点遥远，但是有很多人终其一生都在追寻这个问题的答案。小朋友们不妨现在就想想，这一辈子你要如何度过呢？

相信《"最美奋斗者"品德教育系列》能给小朋友们带来启发。

2019年，为隆重庆祝新中国成立七十周年，学习英雄事迹、弘扬奋斗精神、培育时代新人，中共中央宣传部等评选表彰了新中国成立以来涌现的英雄模范，授予他们"最美奋斗者"称号，并开展"最美奋斗者"学习宣传活动。

"最美奋斗者"这份沉甸甸的名单，涵盖各个历史时期在各地区、各行业、各领域中脱颖而出的先进模范，既有黄继光、邱少云、王进喜、雷锋、焦裕禄、孔繁森这些耳熟能详的名字，也有钟南山、袁隆平、黄大年、南仁东、李保国等新时代的楷模。

他们是不懈的奋斗者、开拓者，是幸福生活的创造者、守护者。他们用智慧和汗水，甚至用鲜血和生命，为国家富强、民族振兴、人民幸福书写了可歌可泣的壮丽篇章，在平凡的岗位上作出了不平凡的业绩。他们是国家的脊梁、民族的英雄、时代的楷模，值得我们永远铭记。

幸福都是奋斗出来的，只有奋斗的人生才称得上是幸福的人生。希望通过这套图书，小朋友们能感受到英雄们那种昂扬向上的奋斗精神，树立正确的世界观、人生观、价值观，在"最美奋斗者"的陪伴下扣好人生的第一粒扣子！

《"最美奋斗者"品德教育系列》编委会

2021年3月

扫码听故事

☑ 品德故事
☑ 楷模故事
☑ 读书笔记
☑ 交流园地

春天来了，池塘边的柳树抽了新芽。有个小孩到了公园不看风景，只坐在树下专心地看书。他叫陈景润，最喜欢研究数学题，他的梦想是当一名数学家。不过，这可不是一件容易的事。

要当数学家，第一步是要先学知识。

走进新式学堂，陈景润的书包里装的不只是课本，还有沉甸甸的梦想呢！

6

下课了，大家都在玩捉迷藏。咦，陈景润为什么一个人待在角落里？原来，他觉得学数学更有意思！

7

高中的数学课上，老师说起了著名数学家哥德巴赫留下的一道难题——"哥德巴赫猜想"。"这道难题没有人能证明！如果说数学是自然科学的皇后，那么哥德巴赫猜想就是皇后皇冠上最璀璨的明珠！"

陈景润记住了这颗"明珠"！他有没有可能摘下它呢？

$$\cos(-x) = \cos(x)$$

$$\log_n M = \frac{\log m}{\log n}$$

$$x^2 + 2ax + a^2 = (x+a)^2$$

$$h(z) = \sec(iz)$$

$$C_{n,r} = \binom{n}{r} = \frac{n!}{(n-r)!\,r!}$$

哥德巴赫猜想

$F(-2,4)$

$V(-2,0)$

$y_0 =$

要摘下这颗明珠，靠高中知识可不够。聪明的陈景润考进了厦门大学的数理系。

数理系没有嘈杂，只有无穷的数字。

周末，同学们都出去玩了，陈景润独自在教室里做着数学题。

　　他最爱去图书馆，喜欢独自漫游在书架之间，和数学对话。他的第一篇论文，就在这里诞生并发表了。

毕业后，陈景润被派到北京的一所学校当老师。可他生性孤僻，说话又带着福建口音，没说几句，下面的学生就哄闹起来。

学校是待不下去了，陈景润提着行李箱回到了福建老家。没有了工作可怎么办？

就在陈景润为难时，厦门大学的校长给他安排了工作——回学校当资料员。这样，他就能继续和心爱的数学打交道！

陈景润的宿舍面朝大海，但他很少去海边。他要在书桌前研究数学，有时一坐就是一整天。大家都说他是个"数学怪人"。

16

　　陈景润经常看书到深夜，为了不让灯光干扰"邻居"，他做了个黑色的大灯罩，自己就趴在灯罩下学习。

　　他正在看著名数学家华罗庚的书。里面的内容可真有意思，比如这个"他利问题"，陈景润一遍又一遍地算起来。呀，他发现了比书上更好的解法！

陈景润把自己的见解写成了论文。论文传来传去，最后传到了华罗庚本人手里。陈景润的论文给了华罗庚一个大大的惊喜！这个大学毕业才三年的数学天才，华罗庚一定要见一见。

全国数学论文报告会

全国数学论文报告会马上要举行了，陈景润接到了华罗庚的邀请，请他在会上宣读他的论文。

可是他的普通话不标准，会不会在众多数学家面前出丑呢？想到这里，陈景润一遍又一遍地背诵起自己的论文。

报告会开始了，陈景润走上讲台。糟糕，他紧张得一句话也说不出来！他干脆转过身，在黑板上演算起来。

"这怎么能叫宣读论文呢？"台下议论着。

陈景润的手颤抖起来。幸好，他的一位老师也在现场，便赶紧走上台，帮陈景润讲解。

陈景润虽不善表达，但他的数学研究让所有人佩服不已，包括华罗庚，于是他把陈景润留在了中国科学院数学研究所。

啊，这里仿佛是一个高深莫测的数学王国，陈景润终于找到了属于他的天地！

既然不擅长与人沟通，也上不好课，那就一头扎进数学吧！他要将整个人生都用来研究数学！

哥德巴赫猜想……三维除数

陈景润忘了睡觉，忘了吃饭，在一刻不停的思考中，他攻下了许多难题：华林问题、三维除数问题……当然，他最大的梦想还是证明哥德巴赫猜想！

扫码听故事

- ✅ 品德故事
- ✅ 楷模故事
- ✅ 读书笔记
- ✅ 交流园地

27

后来，为了能更安静地研究数学，陈景润住进一间小小的锅炉房里，没有桌子椅子，他就掀起被子，拿床板当桌子。他要向哥德巴赫猜想发起进攻！

窗外飘起了雪，北京的冬天真冷啊。没有暖气，陈景润只能靠着屋里的大灯泡取暖，经常被冻得满脸通红。

"咳咳咳，咳咳咳。"

陈景润咳嗽个不停，他手上攥着厚厚的一沓草稿纸，眼睛紧紧地盯着一串串数学公式，努力地运算着。

他就这样苦苦奋斗了十几年。

1973 年，一篇发表在《中国科学》杂志上的论文，轰动了整个数学界，那是陈景润的论文。他做到了！他证明了"1+2"，这是全世界最接近"哥德巴赫猜想"的结果！

陈景润的身影走向了数学王国的最深处。他和数学永远也分不开了。他将全部的生命投入到自己最擅长的数学，全身心为之奋斗，也正因如此，他真的成了一名伟大的数学家。

三素数定理

圆内整点问题

三维除数问题

关于哥德巴赫猜想

大偶数表为一个素数及一个不超过二个素数的乘积之和

华林问题